www.ingramcontent.com/pod-product-compliance
Lightning Source LLC
LaVergne TN
LVHW091210150826
845672LV00005B/1306

ترسُمُ الجُرح.. فتُزهِر

خديجة السعيدي

ترسُمُ الجُرح.. فتُزهِر

شعر

إصدارات دائرة الثقافة، حكومة الشارقة 2024 م

الناشر: دائرة الثقافة - حكومة الشارقة - الإمارات العربية المتحدة
الهاتف: 5123333 6 971+
البرّاق: 5123303 6 971+
الموقع الإليكتروني: www.sdc.gov.ae
البريد الإليكتروني: sdc@sdc.gov.ae

الطبعة الأولى 2024

811.964
س خ. ت
السعيدي، خديجة
ترسم الجرح فتزهر / خديجة السعيدي .-الشارقة، الإمارات العربية المتحدة : دائرة الثقافة، 2024.
184 ص؛ 21X14 سم.
1 – الشعر العربي – المغرب – دواوين وقصائد
أ – العنوان
ISBN: 9789948758419

الإهداء

إلى رشة العطر التي فاحت من فم الذكرى

قد كنت سـراً فمن أفشـاك للزهر
فغار منك ضياء الشـمس والقمر
أسـتودع الشعر بيتاً زارني سحراً
وأصدق الشعر ما وافاك في السحر

يشي بها الدمع

ليــس دمعــاً.. وضمّ قلبي نشــيجهْ
يا له الشــوق حين أحسو مزيجهْ!

يا لــه الطرف! ترجـم الدمع لمعاً
خدعــة العيــن حين تبّتْ وشــيجهْ

بــدأ الآن مــا أســمــــيه مــوتــاً
هادئــاً رغــم مــا يثيــر ضجيجــهْ

والــردى الآن لــن يصيــر حيــاة
إن غزلنــا مــن الأمانــي نســيجهْ

فاقتلونــي كمــا أحــبّ.. اقتلونــي
واخمدوا الجمر واســتفزوا أجيجهْ

واتركوا الصبر يحتسي من وريدي

زمزم العمر حين أسـقي حجيجهْ

واتركوا السـهد يقطفُ الحلْمَ مني

لسـت أحتاج في اختناقـي أريجهْ

سـلموا الليـل للتناهيـد وامضـوا

لا تعـدوا على السـهارى هزيجهْ

واتركونـي أعاقـر الليـل وحدي

واسـتريحوا ...فلسـتموا كخديجةْ

تأويل

حلــم قديــمٌ والروايــة صادقــهْ
وخلاصــةُ التأويــل روحُ عاشــقهْ

روح إذا مــسّ الحنيــنُ شــفوفَها
هــزّتْ أراجيــحَ القوافــي الخافقهْ

لمّــا تســاقت بالنّــدى عذريّــةً
وهبــتْ شــذاها للمعانــي العابقــهْ

تمشــي على غيم المجــاز، يقينُها
همــسٌ يلقّــن للجمــال رقائقَــهْ

همسٌ ســتكتبه لغــاتُ المــاء كي
يســترجع الألــقَ الــذي قــد فارقهْ

لمّـا دنـا من أرضها سـال السـنا

مـن كفّها وسـقى رؤاها الباسـقَهْ

ولهـا مـع الأيـام سـرٌ حكايـةٍ

مـن كنْهِ أسـماء النجـوم الطارقهْ

هذا الضياء الـــفاح من أنفاسـها

نصـبَ الخيالُ على مداهُ سُـرادقَهْ

ليمـرَّ أهل العشـق فـي معراجها

فبسـدرة الجـودِ الحقيقـةُ فارقَـهْ

قالـوا مـن الأنـوار قـدت منبراً

وبه خطيب الشـمس صاغ حقائقَهْ

صدقـوا فسـجدة نورهـا قدسـيّةٌ

وسـلامُها سـمع الزمـانُ بَوارقَهْ

حتّـى أعـارتْ لونها للـورد كي

يسـتلّ مـن تعـب الذبول شـقائقَه

وأتيتُهـا من عنفـوان الأرض بي

صمـتُ الجلالـةِ والكنايـةُ ناطقهْ

والشـعر يسـألني بمـلءِ مجـازه

«ما الساعةُ الآنَ؟» احتضنتُ دقائقَهْ

قلـت: «الرّؤى لغـةٌ وقلبي طفلها

ويـدقُّ حبّـاً في تمـام الشـارقةْ»

أمنياتٌ للزّنابق

كَنجمٍ تجلَّى يَمنحُ الروحَ أنوارا

ويملأُ هذَا العالمَ الغضّ

أزهارا

يُحلّق في الغيمِ المسافر في المدى

كأيةِ أنثى ترسلُ الحلمَ

مِدْرَارا

لها خلفَ ذاك الغيم حلمٌ مُؤجّلٌ

وفي أعين الإشراق ترْقبُ

إسفارا

تراقصُ في الذكرى صدى أغنياتِها
فتصبحَ أجراسُ الغواياتِ
مزْمارا

لعشتارَ أهْدتْ أمنياتِ زنابقٍ
تحاورُ في الآفاق عطرا
وقيثارا

تصُدّ بريقَ اللَّون عن عينِ شمسها
فَتحضِنَ في الوجدان للعزفِ
أوتارا

كأنّ هطولاً يستبيحُ جنانَها

يردّ إلى العشّاقِ روحاً

وأقدارا

إذا خاتلَ المعنى شَدا أمنياتِها

يسيلُ على نصْلِ التراتيل

أكدارا

تبوحُ لها الذكرى بحشْرجةِ النّدا

تقول: انسجي الترميز سرّاً

وأستارا

فدَيْدنُ أربابِ الخرافاتِ إن رَأوْا

تَجَلٍّ لأنثى أن يواروه

إقبارا

يريدونها صمتاً تعبّأ بالسُّدى

ويسقونَ بالأوهامِ سمعاً

وأنظارا

يريدونها حزناً تَكثّفَ ليلُه

وصلّى بمحرابِ المهانةِ

أسحارا

فأفْنى على خدٍّ البريقِ طفولة

وجفّ الندى في العمر كالنّجمِ

إذ غارا

فحتى متى تَبْني ويهدِمُ خوفُها

وحتى متى تَشتقُّ للوهْمِ

أعذارا؟

سينهدُّ صخرُ الخوف في أوجِ خَطْوِها

تنوء به وزراً تساقطَ

أوزارا

وتمنحها العلياءُ أنفاسَ صُبحها

إذا هطلتْ في الطين تُعشبُ

أطْهارا

وتطوي كفوفُ المنجزاتِ كسورَها

تطرّز بالحنّاء والوشم

إصرارا

سيومضُ من أوجاعها قبسُ السنا

يبلّ، ليُزهِي عرش بلقيس

معمارا

ويكشفَ عن ساق الحقيقة ضوؤُها

يقول انهضي كي تمنحي الماء

أسرارا

فلا سبأٌ قد تشتهي دمع خيبةٍ

ولا هدهدُ الأشواقِ يُنبيكِ

أخبارا

زليخةُ في التأويل جرّمها الهوى

فهبّ دليلُ الطُّهرِ وحياً

وأسفارا

فهل تحفظ المرآةُ لمعَ براءة

لتنحتَ من جِذعِ الطُّفولة

أعمارا؟

وهل تُخطئ الذكرى عبيرَ نبوءةٍ

تهزّ الرؤى من رعشةِ الحب

أوتارا؟

تعتّقُ لحناً يشبهُ العزفَ غاوياً

يُراقصُ في أقصى السماوات

أقمارا

فتنفخ في معناه أحسنَ سِرّها
لتسقي بأرض الروح للحُب
أقطَارا

كأن ملاكاً يزرع الضوءَ والندى
فينسابُ منها العشقُ سحراً
وإبهارا

كأن المعاني والقوافي نوافلٌ
وفرضٌ هطولُ الشعر غيثاً
وإعصارا

وفي القلب سِربٌ من مجازِ مغرّدٍ

ببال الأماني يسكبُ الشعر

أنهارا

فتعرج ما بينَ الأراجيحِ طِفلةٌ

تضم بكفِّ القلبِ دفئاً

وأسرارا

إذا طاردوا ظبيَ القوافي بساحها

ترودُ المدى كيْ تملأ الأفقَ

أشعارا

يُسِرّ لهم همسٌ من الغيب: حكمةً

ومن دمها تَسْقي الكرامةُ

أحرارا

دربٌ معبّدٌ للصبح

سـنكتبُ ريثمـا تصـل الحياةُ

ونبعث في القصائد ما أماتوا

نفجّـر من صخور اليأس نوراً

ليسقيَ حـرفَنـا نـبـعٌ فـراتُ

نُنظّـر للجمـال علـى يقيـن

بـأن المفسـدين هـم الحـــواةُ

ومهما فــي الدنى ألقـوا خبالاً

بواحتنـــا تلقّفــــه (العصـــاةُ)

لأن تجـرّد الصحـراء طُهـرٌ

وفي الأدغال تثوي الموبقاتُ

نجوع وفـــي دمانا ألف صوتٍ

تطوّقـه الســـلال العامـراتُ

لأن أكفّنــا رضعـت عفافـاً

بأعيننــا تهـــون السابغـاتُ

إذا ما داهـم الأصواتَ صمتٌ

سنسمع من مضوا فينا وفاتوا

سنســمع صبـحَ تاريـخ تناهى

كفاتحـةٍ ليُختتَمَ السباتُ

تدثرنــا صفـاتُ النبل شـعراً

فإن نفنى فلا تفنـــى الصفاتُ

إذا غابت فحضن الأفق يشــقى
وإن حضرتْ ستحضنها الجهاتُ

ألــوّح بالمجــاز إلــى قصيــدٍ
هـو الـغـاوي ويتبعه الـغـواةُ

فهذا الشعر حقلي حيث نبضي
بذورٌ والقصــائد سوســـناتُ

وما يســقي القصيدة غير دمع
أذرّفه فتســــري الأغنيـــاتُ

ومــا تحــوي شــرابيني مــدادٌ
عتيـــقٌ ظــل تحفظــه الدواة

على الإيقاع أنزف عطر روحي

وكم يجـتـاحنـــي عنه انفـلاتُ

فــلا ينزاح رقصي عن ســياق

لألــحــانٍ تـنـاقـلـهـا الـــرواةُ

على بحر الوفاء رسا قصيدي

وقد وَعدَت تفاعيلي النــــجاةُ

سأهمس لابتزاز الموج سري

وأبحر ريثما تصل الحـــياةُ

وجوه

زادُكَ الشعر،

زادُ قلبي سكاتُ

لفّني حيث تستفيق

اللغاتُ

فالخيانات

ترتدي ألف وجه

ولها في المعنى الخفيّ

حياةُ

برد صمتي خيانة،

لهفة الخطو

التي منها تضحك

الطرقات

والمعاني خيانة

حين تنأى

عن تآويلَ

زادُها الكلماتُ

حداء ناعم

من أين أبدأ؟

كل أسئلتي ظماءْ

حولي اليباب فكيف يملؤها الرواء؟

ليستْ مُنىً سالت بأوديتي سوى

زبدٍ أثار مواجعي

ومضى جفاءْ

يفضي الطريق لمثله حتى إذا

قلت انتهيت هنا..

يباغتني ابتداءْ

سيزيف قاد وتيرتي وأنا إلى

منفايَ يعصف بي المحالُ

متى يشاءْ

سيجت أشجاري عميقاً كي أصد

خطاي عن ذكراه في

هذا الفضاءْ

أوصدت خلفي الليل عن قمر نما

في مقلتيّ يغار من

هدب المساءْ

حيرى...

وهل دمعي على أطلالهِ

كافٍ لأختزل القصيدة

في الرثاءْ؟

حتى الأباطيل التي شاخت تُحا

صرُ في دوائرها رؤى

تاء النساءْ

وأنا إذا الشعر استفاق بمقلتي

إذ مسه التخييل

ينبجس السناءْ

ثغري تفتق عن مجاز يحتوي

شغفي أبيت الليل

أسقيه الصفاءْ

تلويحةٌ من شرفة الوفاء

قــم للمعلــم فالمقـــام تَشَـــرُّفُ

مــن نبعه ثغــر الفضائل يرشــفُ

هــذي خطاك هــديَ النبــوة تقتفي

فـــي كل أروقـــة القلوب تؤرشَــفُ

أهـديـتَــهـا لـلـتـائـهـيـن مـنـارة

تبــدو إذا لــفّ الظــلام فتكشــفُ

كم تحتســـي الأرقَ المرير كشمعة

ذابــت على أعتـــاب ليـل يزحفُ

حتى تضـــيء النشء حيــن أكفهم

مُدت إلـــى الأفق البعيـد تزخرفُ

يحكي انسيابُ الضوء في ليل اللحى

عــن رحلة الأيــام عجلــى تُقطفُ

عــن حكمة الأنــوار تحضن رأفة

تعب الســواد مــن الليالــي ينزفُ

عــن خطوك القدســي ينثــر لؤلؤاً

يســقي ثــرى الآمــال إذ يتقصفُ

كــم رمــت ســاقية العلــوم ملأتها

تســقي الرؤى للظامئيــن وتغرفُ

مــن أبحــر العلــم الذي قــد حزته

طوبــى لهــم، ريــاك لا يتوقــفُ

أنـت المـلاذ يـراه فـي آفاقهـم

كل الصحـاب إذا عَراهُـمْ موقفُ

فـي كفـك البيضـاء زال سـواده

تهمي بغيث البشـريات فتسـعفُ

تأتـي إلى جـرح الجميع مبلسـماً

تحنو على تعب الضعيف وترأفُ

الآن تمضـي للنهايـة صامـداً

نجـواك تسـبيح وزادك مصحفُ

نقفو علـى عجل خطـاك ونقتدي

والخطو في أثـر الكرامة مُرهفُ

إنـا وإن صغنـا الحـروف قلادة

رَصّتْ خصالك لا تفيك الأحرفُ

من سورة الآه

نبضاتُ قلبي للأنينِ شفاهُ
أوّاهُ من لسع الأسى أواهُ

هل ناح قلبي من شجا طفلٍ أم
شقّتْ جيوبَ مجازها الأفواهُ

في الجبّ ألقاه القضاءُ كيوسفٍ
والكونُ هبّ بكله ناجاهُ

والأرضُ تروي قصّةَ الطفل الذي
ولّى لتزهرَ في المدى ذكراهُ

كيف ابن خمس جاس خمساً في الضنى
والخوفِ والبردِ الذي أضناهُ

أبكى الزمان بليله ونهاره

فابيضّ من سيل الأسى جفناهُ

ما السر في هذا الوليد يحفه

فيض السنا، ما السر يا اللهُ؟

ما مات بل ماتت ضغائن أمة

بسُرتْ بقدر النفس إذ أحياهُ

ألقى على عين الفؤاد قميصه

فارتد يبصر ما أضاع هواهُ

ريان معنى بذرة الحب التي

سقطت ليزهر في القلوب نداهُ

يكفيه أن نزفت على أناته
أرواح كل العالمين فداهُ

عتبي على الظمأ الذي يمتدّ إذ
لم تسقِ ذاكرةَ الندى الأمواهُ

ماذا عساها تصنع الحجب التي
وضعت هناك إذا أراد اللهُ

فاعجبْ إذا شئت العجاب طفولة
صحّتْ شعوباً في الضغينة تاهوا

موسى يد عيسى فم ومحمد
قلب وإنا في الأسى أشباهُ

في القلب لا في الجب كان سقوطه

فـامـتـدّ مـنـه إلــى الـعـلـو صــداهُ

الــمــوت مـشــهـود وبـــئــره شـاهـد

ونـــــداوه مــثـل الــمُــدى: أمـــاهُ

غالبت صبري وارتجافي والحشا

أعـيــاه فــي الـظـلـمـات مـا أعـيـاهُ

لم تحتضنه الأرض حلّق في الفضا

شـغـفُ الـعـصـافـيـر اتـسـاع مـداهُ

بين مسافتين

حين افترقنا

وقص الخوف أجنحتي

حضنت وجهك إذ أمضي بلا جهةِ

كان الغياب كثيفاً والصدى هطلاً

وكنت أسرج

من عينيك بوصلتي

كان امتداد الأماني
في شعاب دمي
مثل السحاب يغطي
شمس أخيلتي

كل المعاني تشظّت
حين مرّ بها
نهر الحكايا التي مرّت على رئتي

وبات في مطر المعنى

يمرجحني

حديث قلبي ارتعاشاً

مثل قبّرةِ

وفار تنور أشواقي وعاطفتي

يا لانطفاء فتيل الروح

في لغتي

وشفّ ذكرك عن معناه في خلدي

لما تنفسته

أفضى لقافيتي

وحين تسحبني ذكراك من أرقي

أظل أهرب

من أمواج أسئلتي

أظل أهرب حتى من جواب أسى

يردي على كبدي

مليون سوسنةِ

نصل المسافات يدمي كفّ ذاكرتي

إن أمسكت

بالحنين الغض أوردتي

حين التقينا قطفت الشوق من مقلي

فكيف أفضتْ؟

وسري مات في شفتي

أمنية أخيرة للسوسنة

ثم ماذا؟

نثرت عمري رِذاذا

كنت أسقي ظماء حلمي انتباذا

وأغذي جياع وجدي

قطوفاً

من شهيات أمنياتي

لذاذا

كم إلى السهد ساقني الليل قربى

فاحتمى القلبُ بالخيال

ولاذا

وارتوى الصمت من عيونٍ مرايا

هكذا الدمع حين يغدو

عياذا

ما توانيت عن حسان النوايا

من رؤى النبع كي أروّي

الوجاذا

كلما عن مجراه أنوي انفلاتاً

لا على ذاك الشطّ أرسو

ولا ذا

ثم ماذا؟

وما استوى زرع

أحلامي على السوق، والأسى المر

حاذا

ثم ماذا وكلما انداح ضوء

فتّه اليأس في سراجي

جذاذا

كلما غرّدت هنا سوسناتي

بحّ أنفاسها الأنين

وآذى

شفني.. خلخالي وعقدي ذنوب

والدجى من سواد كحلي

استعاذا

أيها الموغلون فيها ازدراء

ربما السهم كان

أحنى نفاذا

ليس للمريمات في النص تمر

إن تسللن للمعاني

لواذا

كيف نغتال سوسنات نشيد؟

كيف نقصي الندى وندني

الوجاذا؟

ما اختلفنا.. بها يشي الضعف لكن

تحمل الكون فاقترحها

ملاذا

ترجلت الفارسة

لروح الشاعرة هبة أبو الندى

أرتّل للموت

أهزوجتي البائسةْ

بصمتٍ سيصرخ بي الأصغرانِ

وفي العين لي حاستان

وتربكني حاستي السادسةْ

وفوق نزيف الفراق

أذرّ التراتيلْ

وفي الصبر لي لغة يائسةْ

أزف الدموع إلى المنتهى

وأنثر مخزون روحي الثقيل

على ضفةٍ خامسةْ

إذا النائبات قدحن الأسى

في فؤادي

تساوتْ مباسمُ ذا العيش بالعابسةْ

وفي القلب ألف خناسٍ

أبتْ أن تهادن دمعي

وكل وجوه الحياة

بدت بائسةْ

وإذْ كذّب القلب أن لا أراكِ

هنا

رأيتُ ضياءك

في الخافيات ونى

قضيتِ وفي القلب نار اشتياق

لحضن سبته

خيوط النزيف الشريد

وخيطاً فخيطاً تلاشى الفؤاد

إلى أن تقطّع منه الوريد

وضم الفؤاد نشيجاً

صداه بدمع الفصول نعى مارسه

وساءلت خيل «الرباط» عن القبر

كيف احتوى سائسه؟

أجابت فلول الأماني:

ترجلتِ الفارسةْ.

بين فضاءين

ما بينَ أرضي والسّماء

وأنْملي

طيفٌ أتاني بالخيالِ

الأجملِ

كم جال بي سعةَ المدى

لكنني

ما غادرَ الجسدُ المسجّى

منزلي

في رحلةٍ عبر الفضاء

تواترتْ

دهشاتُ قلبي بالجنون

الأكملِ

لا تسألوا كم سُرّ

حين تهاطلتْ

نُدفُ الحنين على رياضي

من علِ

وأنا المنيعةُ في ربايَ

حصينةٌ

عن كل ألوان الوصال

بمعزلِ

يا راكباً ظهر المدى

نادى الكرى

يا ..

عمْ مساءً

قال: لا، لا ترحلي

إني نسجت

من الشروق ملاءتي

والآن أرجف في الظلام

المسدلِ

ذبلت ورود سعادتي

منذ الصبا

هل سوف تحييها منىً

لم تذبلِ؟

سكبَ الرنين برقّةٍ

في خافقي:

هل تقبلينَ

بشاعر متوسّلِ؟

في رحلةِ الأمداء كوني نجمتي

فأجبتُهُ:

يا سعدَهُ قلبي الخلي

مقتبسٌ من حديث الشموخ

وقفــتُ بالواحــةِ الغــرّاء مــن تعبِ
أهفــو إلى غيرِ ما تنــوي المطالعُ بي

وقفــتُ أقرأ في «الشّــمّاء» حكمتها:
هل قُــدّ للجذع قلبٌ خالــدُ الخصبِ؟

في القيــظ أمٌّ وهذا الفــيء يحضنني
حتــى يهدهــدَ طفلَ الحــبّ في هدبي

جاءتْ ظلالك من أقصى المجاز ندى
يبلّــلُ الشــعرَ لمــا أجدبــتْ ســحبي

فـــي البيـــد أنـــت تباهين المـــدى جلداً

وتنفخيـــن لحون الصبـــر في قصبي

قـــال الإبـــاءُ، وفـــي الآفـــاق هامتهـــا

مَدّتْ إلى الأرض سبحاتٍ من الرطبِ

قولـــي أنا العز (عنـــوان الحياة) ولي

قنـــوانُ دانيـــة أضحتْ قِـــرى العربِ

واسّاقطتْ رطبي الأشهى على مهلٍ

لاذتْ بهـــا مريمُ العذراءُ في الوصبِ

وصــرتُ حيــن علمْتُ الســر ماحقةً

في كلّ بيتٍ أســى الأدواءِ والســغبِ

همستُ للشمس والمجدولُ من سعفٍ

بــدا يباهي دهــوراً شــعرَها الذهبي

إنــي أتيتُ إلــى الواحاتِ بي شــغفٌ

عــاتٍ لأحملَ روح التمــر في قِربي

ولســتُ أروي حديثَ الحلو عن سندٍ

إلا إذا كان منقــولاً عــن الرطــبِ

تضاريسٌ للتيه

مـا أضيع الحـق في قانونك القاســي

صارت حظوظي من الإفصاح أنفاسي

كـم حاولـتْ لغتــي أن تسـتثير فمي

لـولا مخاتلــة المعنــى لإحساســي

في غمرة البوح ما انفكت تحاصرني

عيناك عن ســبق إصــرار وإحراسِ

فالظلــم عنــدك دســتورٌ، أصولك قد

نــاءتْ بعــرقٍ خفــيّ النزع دسّــاسِ

يا أيها المشــتهى المغــروس في دمنا

أقمــت للحـــق أســـواراً بحـرّاسِ

مــاذا أسـميك؟ فالأسـماء يـا وطني

تضــوع بالنور والأوصاف نبراســي

وددتُ أهـــديك ريحـانـــاً بقـافيتـــي
أهديتنـــي في النوى شـــوكاً بلا آســـي

سـلمتَ للتيــه بالتفويــض قلبــيَ كي
يقيــم للقهــر فــي الأحــداق قداســـي

ويعــدل الميل فــي أرض على جرف
هـــار ســـينهار من ســـاس إلـــى راسِ

جرعت والقلــبَ كأس القهر في زمن
أعيتــه نجــوى نواقيــسٍ وأجــراسِ

صلى بروحي الأســـى والحزنُ نافلة
أولى يصلي فروض القهر قرطاســـي

أمضـــي بنــزف اشـــتياقاتي ويتبعني

حــــلمي، أســــايَ وآهـــاتٍ لجلاسي

بنصــف موتي، مقاييســـي وإن نفدت

فلمعــة الحــب فــي عينيـك مقياســي

تمكــن اليأس مــن زوحـــي وبعثرني

فرحــت أضــرب أخماســاً لأســداسِ

كيف الخلاص ولون الحلم نزف دمي

كيــف الســبيل لميــزان وقسـطاسِ

أتــوه فــي لـجـة حبـلـى بـأقـنـعـة

ويحضــن الصــدرُ قلباً ليــس كالناسِ

في حرم الجمال

ماذا أقول؟ أتمتم الأعجازا
أضحى القصيد بحسنييه
نشازا

فالصمت في حرم الجمال تعبد
والشعر ثرثرة تني
الأرجازا

من أي أخيلتي أسيل قصائداً
تتلو حنيني مسهَباً
عزّازا؟

من أي ذاكرة أريق مشاعري

لتخطّ سِفْراً في الوداد

مُجازا؟

كثرت ظباء الحسْن

بين خواطري

إذ زادني فوق المجاز

مجازا

والحب قد روّى فؤادي والرؤى
سبقاً إلى «بين الجنان»[*]
وفازا

وتزاحُمُ الأشواق أربك حيلتي
فالسهد حيلة عاشق..
إن مازا

فبأي تشبيه ألوّن رسمها
وبأي لفظ أسبك
البروازا؟

(*) بين الجنان: حي بمدينة تازا.

هذي المدينة طرّزت سعة المدى

بسنا «ثريا»(*) المبدعين

طرازا

لتغازل الأقمار في حضن الدجى

والضدّ ظل لضدّه

ميّازا

كنا ظماءً.. كنتِ أنتِ غمامةً

سحتْ لنحيا سادةً

وعِزازا

(*) ثريا: ثريا نحاسية ضخمة بالجامع الكبير.

وبرغم بعد مسيرتي سيظل قلـ

ـبي للهوى في عشقها

منحازا

ولأنها الحضن الفسيح قصدتَها

«يا ناظراً»[*]..

قد قطّف

الإعجازا

(*) يا ناظراً: أول عبارة في البيت الشعري الذي رصعت به الثريا.

وأممتَ «باب الريح»[*]، لم يك ريحها

إلا سلاماً للقلوب

مفازا

فاقرأ تراتيل الجلالة كلها

واخلع نعالك إن وطئت

بتازا

(*) باب الريح: باب أثري عتيق بمدينة تازة.

هدهدةٌ بشاطئ المجاز

على عينيك من لحظي أخاف
فكيف عليك لا تخشى
الشغافُ

فمذ غشى هواك شغاف قلبي
غدا للقلب في الهدب
اعتكافُ

لأجلك أنت في مكنون نونٍ
تصلي فوق كفّ السر
كافُ

لأجلك أنت حاء الحب ضمت
شرود الباء فانتكس
الخلافُ

تنسكت الحروف غدت يماماً
يغرد في المدى حيث
الطوافُ

من المعنى المقدس هز حاءً
ليقطف باءها..
نعم القطافُ

حديثك سفر أسرار.. وأصغي

فتأسرني المتونُ كما

الحوافُ

بلاغتك المدى لكن مجازي

غريق لا تلقّفُهُ

الضفافُ

ففي يمّ الهوى ألقيت قلبي

وجند التيه بالتابوت

طافوا

يحاكي الصمتَ في الآفاق بوحي
فلا يجدي وعلته
الزحافُ

أضفتك للفؤاد فصار طفلاً
تدلّله الإضافةُ
والمضاف

كأنه في الهوى عباد شمس
يدور وما له عنك
انصرافُ

صرفت لك الوداد وذا قصيدي

وأبياتي التي سُكِبتْ

شفافُ

أعايد بي.. أعايد باشتياقي

أزف العيد..

هل تم الزفافُ

أحبك غيمة بسماء روحي

تروي حين يلتهم

الجفافُ

أحبك والنجوم هنا شهودي
وكل الكون بوح
واعترافُ

ثقال في الغرام كفاف حظي
وأنت معي فإن تمضي
خفافُ

سمانٌ يا مناي سنون عمري
متى تدنو، وإن تنأى
عجافُ

أنينٌ على شفة الناي

هذي أنا

غيمةٌ بالنزف تنفردُ

يقتاتني الأسودان:

السهدُ والكمدُ

راودت رؤياي

عن حلم لتحمله

إن أشفق الواعظان:

الموت والأبدُ

تنأى المواعيد عني

وهي ساخرة

وحسرتي جمرة في القلب

تتقدُ

فأنزف الدمعة الحرى..

ألوذ بها

علّي أضمّد ما ألقى

وما أجدُ

وكلما خلتني بشرى مؤجلة

أدني رؤاي من الإشراق..

يبتعدُ

أبيت خلف جدار الوهم هائمة

أكوّم الجسم

بالأوجاع يحتشدُ

أنا الفؤاد الذي

زفت هوادجه

أطياف حب

على أعتابه فُقدوا

أنا الأنين الذي

صكت عنادله

سمع الخوافي

ولم يشعر به أحدُ

أنا النشيج الذي

شبت حرائقه

فكيف يُطفأ من باللفح

يبتردُ؟

أنا الأحاسيس

قدت من سحائبها

صبحاً أفاق على الآلام

يرتعدُ

أنا مجازات نزفٍ
في الحشا زرعتْ
موتاً بطيئاً
سرى في الروح يتئدُ

في رحلتي
ضاع في الأحزان أمتعتي
وطوقتني قفارٌ
ما لها عددُ

أعاقر الوجع المدسوس

في خلدي

خطيئتي أنني قلبٌ له جسدُ

بغداد

ما حال نخلٍ

رعى التاريخَ مرتفعا

إن يُنشِدِ العزَّ يأتِ الكونُ

مستمعا

ما حال «دجلة» مدّتْ «للفرات» يدا

حتى يزُفّا خلوداً

في الزمان معا

جاس «الخليلُ»

بحورَ الشعر فاتلقتْ

في الضفتينِ مروجُ الشعرِ

إذ وضعا

وسيف «سعدٍ»

من الأنوار يصقلُه

على أكاسرةٍ كمْ سلّهُ

ورعا

فيمَ العروبة

تحسو البؤس في هلعٍ؟

كيف التسامح للإذلال

قد ركعا؟

وكيف أزرى بعين المجد

حقدُ قذَى؟

حتى المحاريبُ كالثكلى

بكت وجعا

خيل الوفاق كبا

في كل مفترق

حتى المنايا غدتْ أسبابُها

شيعا

متى تعود جباه الحبّ

ساجدةً؟

متى سنرْتِقُ فتقاً

طالما اتّسعا؟

لا تطفئوا

شعلة الأحلام في مهج

دعوا الضياء يدك الجهل

والبدعا

بغداد بغداد..

إنّ القلب منتصرٌ

للحبّ للمجد للإشراق

حينَ دعا

عروجٌ إلى مقام النور

مسٌّ أصابَ شـفاهَ القلب، فاسْـتعرا؟

أمْ سـيقَ للقلب موفور الهوى زُمَرا؟

هنـا إذ انبثقـتْ فـي الروح سوسـنةٌ

فرشْـتُ مكنـونَ أضلاعي لهـا وثِرا

حسـناءُ قُـدتْ مـن الأنـوار بهجتُها

تمشـي الهوينى وأمشـي خلفها سكِرا

مـن تلك؟ وانبجسـتْ أنوارهـا جذلاً

قلت: الرباطُ هفتْ شـوقاً قُرىً وذُرَى

زفتْ شـموسُ القوافي فـي هوادجها

زينَ المدائن واللحنُ الشـجي سـرى

والشـــعرُ بيــن المطايا والعــروج إلى

مقــام نــورٍ مطايــاه اســتوتْ جُسُــرا

كذاسقى الحرفُ أرضَ السحر إذ عبرت

أنفاســه نهــر رقــراق(*) كــذا انهمرا

حيــثُ المحيط بشــط الأطلســي أتى

ليقطــف المشــتهى بــادٍ ومُســتترا

بــأرض جــود يمــر الغيــمُ مبتهجــاً

إذا تجلــى بربــع صاغــه زهَــرا

ويســتريحُ بأفيــاء الجنــان هنــا

يهدي لمعمورة(**) الأَخْصاب ما ادخرا

(*) رقراق: نهر أبي رقراق.

(**) معمورة: غابة غناء تحف بمدينة الرباط.

قلــت: الربــاط ربــاطُ الخير مــا أحدٌ

إلا وفــي حظّــه منهــا عظيــمُ قِــرى

قلــت الرباط: وســحّ النــور في لغتي

فمغــربُ البدء حولي يعشــقُ الخبرَا؟

تسْــمُو ونجمتُهــا العليــاءُ زاهيــةٌ

بنُورِها كــي تباهي الشــمس والقمرا

حتــى إذا رقصتْ عصفورة وشــدتْ

علــى غصــون المنى أوّلتُني شــجرا

وحَيثُمــا شــردتْ مــن نغمة ســكبت

ألحانهــا فــي الخوافــي صغتُني وترا

كــي ألثمَ الفرحَ المســكوبَ من شــفة

المعنى وأرشــف من كأس الهنا ظفرا

يا لائمي في الهوى ســائل لهيبَ دمي

هل غيــر فورة حبــي ألهم الشــعرا؟

سائلْ عن العز (حساناً)[*] وكيف علتْ

شمسُ الحضارة من جفنيه؟ كيف تُرى؟

وكيف جلّت ســنا الإسلام صومعةٌ[**]

تشــيد في المنتهــى إشــراقَه نضرا؟

أعْيــتْ تواريخُهــا كــف الــرواة فما

أربى سناها وأسخى الحبر حين جرى!!

(*) حسان: جامع حسان بالرباط.

(**) صومعة: صومعة حسان الشامخة.

يا لائمي فــي الهوى عذْ بي إلى زمن
واخفـضْ جبينـك إجلالاً لمــن عبرا

جئتُ الرباط وفيضُ الشــوق يغمرني
لــن أتــركَ الغيم حتــى يُقنــعَ المطرا

وقلــتُ للشــعر راوِدْني فعطــرُ دمي
مــا ابتــزه الحســنُ إلا فــاح وانتثــرا

مــددت كفي إلى أقصــى المجاز لكي
أشــد في مجمع الماءيــن(*) طعمَ قِرى

عــذبٌ يضــمّ أجــاجَ البحر فــي دعة
جــاء اللقــاءُ لذيــذ الوضــعِ مُبتكَــرا

(*) مجمع الماءين: مصب نهر أبي رقراق في المحيط الأطلسي.

لمحتُ في وجهه الشفاف نبضَ رؤى

كأن موســى تجلــى يقتفــي خضــرا

والاســتعاراتُ فــي العينين خاشــعة

لــم يقبض الوصفُ من إشــراقها أثرا

فعــدتُ للقلــق البدئــي أســألُني

مسٌّ بقلبي سرى، أم في الهوى استعرا؟

حلمٌ مُؤرجحُ الخطى

مكتظةٌ بوميض الحلم،

أنساقُ

كأنما لي مع الإبراق

ميثاقُ

لم أكترثْ أين؟

لا أينٌ لأدركه

كل المسافات في التسليم

آفاقُ

كان انقيادي للمع النزف

محض غِوىً

فشع من غيمة الأوجاع

إشراقُ

ومضٌ سقاه ندى

ينبوعُ عاطفتي

حتى الرواء،

وهذا النبع دفّاقُ

وحين سحّت فيوضُ السر

صاحَ صدى

هل من مزيد؟

وطبع الحلم توّاقُ

ثوى بميقات قلبي

يستقي قبساً..

والقلبُ إن يشرب الأسرارَ

مهراقُ

صدقت رؤياي،

سخرت اليقين لها

آمنت إذ سوّر المحرابَ

عشّاقُ

الأمر أن يفقهوا

المكنون في لجج

فتشرئبّ إلى المافوقِ

أعناقُ

طافوا على نبعه العلوي

فاغترفوا

وكان أن عرفوا الأسرار

إذ ذاقوا

آمنت لما رأيت اللمعَ

محتشداً

وانثال من كفّه القدسي

إغداقُ

وكنت ريحاً

فكان العطرَ أحمله

بين الخوافي وفي الوجدان

خفاقُ

وكنت نهراً

فكان الماء أحضنه

علّ انسيابه في الأضلاع

رقراقُ

قاد الجوارح

تصديقاً بلا ريب

كان الحياةَ إذا ما التفتّ

الساقُ

ها صرت ظلاً،

على الأعراف واقفة

و«البين بين» أسى، موت

وإخفاقُ

مزقت حظي

بأبوابٍ مواربةٍ

لا جنةٌ وجبتْ

لا النارُ تشتاقُ

سقى الغيابُ

فؤاداً مدنفاً كلفاً

واعشوشبت في رياض الروح

أشواقُ

كأني فراشٌ

أتى ضوءاً يدلّه

لم يدرك القلبَ أن القربَ

إحراقُ

لم تنتشلني المُنى الأيتامُ

من وجعي

ولم تشدّ وثاق الدمع

أحداقُ

كأنما ساعة التلويح

فقدت يدي

فلوحتْ من كفوف الغيب

أنساقُ

ما لي سوى حسرة

في الروح قد أسرتْ

تقتات منها أخاديدٌ

وأنفاقُ

ما لي سوى خيبةٍ شوهاءَ

متكأ

للعمر، والحذر المقدود

ترياقُ

غريبة هذه الدنيا

تجالسني

بوجه خل وهذا الوجه

أفّاقُ

هذي الأماني

متاهات تموهني

حتى تمر إلى الغايات

أرماقُ

أمشي وراء غدٍ..

معنى بلا لغة

الريح فيه طريقٌ

والصدى ساقُ

لم ألتفت نحو أعوامي

لأسألها

حتّامَ أمضي وهذا الحكم

سبّاقُ؟

فاضت به عبرة حرّى

جرى معها،

حين انهمت مطراً،

حبرٌ وأوراقُ

حيرى..

تمر استعاراتي بأوردتي

للعين بوحٌ

وللأنفاس

إطراقُ

والعاصياتُ على التعبير

لعبتُها

فتقُ الجراح لرتقٍ كاد

يُستاقُ

ما حيلتي؟

ذرّت الأشواق فوق دمي

ملحاً وخُطّ على الأوجاع

إشفاقُ

ضللت عني

وعن كنهي

فوا ألمي!

ما زلت رغم انطفاء الحلم

أنساقُ!!

قلبٌ وافر الخصب

نقشاً على الضّوءِ

هذا الحلمُ لمْ يغبِ

ينداحُ في رحلةِ الأشواقِ

للشّهبِ

زرعْتُ أنفاسَهُ في العُمر

أَخْيلةً

حينَ ارتضى لي سنا الأسماءِ

قلبُ أبي

قال: اقتفي منْ زهورِ الطّهرِ

سَوسنةً

كوني خديجةَ في الأخلاقِ

والأدبِ

وكُلّما قلتُ: يا أحلاميَ اقْترِبي

بانتْ، فأذْكى سَناها

هِمّةَ الطلبِ

حتى إذا صَحّتِ الرؤيا

نَثَرْتُ ندى

منْ غيْمةِ الرّوحِ

في الأسفارِ والكتبِ

حلّقتُ، حلّقتُ في الآفاقِ

كنتُ رؤى

تُلامِسُ الْمُنتَهَى،

والحبّ يرْحلُ بي

مِنْ مكّةَ

انْثالَ موجُ العطرِ في رِئتي

لمّا حَللْتُ بِبيْتٍ

سامقِ النّسَبِ

واللّيلُ ينتظرُ العُشّاقَ في وَلَهٍ

يُعلّقُ الوعْدَ

في شبّاكِهِ العِنَبي

فِي الأرضِ فوْضى المعاني

والحُقوقُ دمٌ

والغيدُ عنْ تهمةِ التّقتيلِ

لمْ تُجبِ

دسّ الشّذا في دماءِ الوردِ لوعتَهُ

واهْتزّ منْ رقصةِ الآهاتِ

في العُشبِ

وفي الدّجى انْسابَ صُبحٌ

مِنْ رُؤى امرأةٍ

تَبَتّلَ النورُ

في مِحرابِها الرّحِبِ

بينَ التّفاصيلِ

كانتْ روحُ نَسْمتِها

تحوكُ للفجرِ إشْراقاً

بِلا حُجُبِ

مَهْلاً «نفيسة»
في الآفاقِ عِطرُ خُطى
تَمْشي على الغيمِ طُهراً
والهَوى عَرَبي

هُوَ الأمينُ
وريحُ الصّدقِ تَتْبعُهُ
وموْسمُ الجودِ منْ كَفّيْهِ
في عَجَبِ

وخلْفَ ذاكَ المَدى

قلبٌ لسيّدةٍ

شرتْ خُزاماهُ

بالأسماءِ واللقبِ

ضَمّتْ أسَى يُتْمِهِ،

كانَ الحنانُ مَدى

تَكَوْثرتْ فيهِ قلْباً

وافِرَ الخَصَبِ

تُضمِّدُ الحزنَ والحرمانَ،

آيتُها

بيتٌ يعانقُ فيهِ الكون

قلْب نَبِي

مِنْ صَمْتِها نطقَ الإعجازُ

مُبْتهِلاً

في لحظةٍ جاوزتْ

تاريخَها الذّهَبي

تُهدي دُجى الأرْضِ أحْلاماً

وتَحْرُسُها

مذْ دوّنَتْ خطوَها الضوئيَّ

في الكُتُبِ

إلى حِراءَ سَرى المِيقاتُ

فانْبلجَتْ

لتُطعمَ الليلَ منْ أنْوارِها

النُّجُبِ

مُزمّلاً بِضِياءِ الوحْي

تَحضُنُهُ

رأتْ بِعيْنيْهِ سرَّ اللهِ

منْ كَثَبِ

قالتْ

وتَنثُرُ وردَ الأُنسِ في ثقةٍ:

بُشْراكَ أنسٌ يزيحُ الهمَّ،

فارْتقِبِ

سِرَّ النّبُوّةِ قدْ آوتْهُ مُؤمِنَةً

تُصغِي إلى الفجرِ

تصْديقاً بِلا رِيَبِ

واحْدوْدبَ العنْدُ في أيْدي

أبي لهبٍ

لتَسْتبيحَ الأذى

حَمّالةُ الحَطبِ

في الشّعْبِ أمٌّ

وذاك الصّبرُ ديدنُها

تَضُمّ أقمارَها

في غَمْرةِ السّغبِ

تَحْنو على السّعَفِ الباكي

يَئِنُّ متى

للنّخْلِ مدّتْ كفوف الوقْتِ

أنْ «أَنِبِ»

نَبْعانِ

مِنْ روحِها القُدْسيّةِ انْبَجَسا

نبْعُ الأمومةِ

ثُمّ الجودُ في رغبِ

أريجُها الصّدقُ،

في الأرواحِ سالَ نَدى

كما يَسيلُ حَلا الواحاتِ

في الرُّطَبِ

وكُلّما ضاقَ أُفقٌ بالحبيبِ

بَنَتْ

آفاقَ منزلهِ

في القلبِ والهُدُبِ

جارَ الغيابُ على مَنْفاهُ إذْ رحلتْ

وَأوْرقَ الحُزنُ

في الأمطارِ والسّحُبِ

والدّمْعُ نهرٌ بأجفانِ القَصيدِ

جَرى

شابتْ خطاهُ أسىً

والدّربُ بعدُ صَبِي

يا أمّ هذي القُلوبِ

الحامِلاتِ تُقىً

زفّ الفؤاد انزياحي

عنْ هوىً كذِبِ

وساءل السّرَّ

في أنفاسيَ ابتسمت

كبَسْمةِ الماء

حين ارتاح في القِرَبِ

كيفَ اعْتنقْتِ سلامَ اللهِ

في دَعَةٍ

منْ أوّلِ الحُبّ

حتّى مُنْتَهى القُربِ؟

أَيُّ احْتواءٍ تَلُفّينَ الحَبيبَ بِهِ

حتّى أتاكِ الرّضى

بَيْتاً بِلا صَخَبِ؟

يا أمَّ زَهْراء ..

ضُمّي مُهْجةً شُغِفتْ

حُبّاً..

وفُكّي الْمُنى مِنْ قَبْضةِ

الوَصَبِ

ضُمّي رُؤاي

فإنّي شمعةٌ ذَبلتْ

وأنْتِ نورٌ تجلّى

في مدى الحِقَبِ

ضُمّي حَنيني

فإنّي نايُ عاشِقةٍ

إنْ هاجَهُ اللحْنُ

ضجّتْ آهةُ العَتَبِ

ضُمّي المَعاني..

حُروفي في الأسى رَقَدتْ

ما ظلّلَ الكهفُ عنْها

حرقةَ التّعبِ

لكِ البلاغةُ

في أبْهى تَدفُّقِها

ولِي المجازاتُ

تُسْقى مِنْ دمٍ شحِبِ

لكِ الثّناءاتُ

في العَلياءِ كاملةٌ

وبي مِنَ النّقصِ

ما يُجْثِي على الرُّكَبِ

يا صوْتَ حُبٍّ

من الآياتِ مَنْهلُهُ

يَحْنو على الكَوْنِ

مِنْ تَنْهيدةِ النّصَبِ

صَوْتِي اسْتعارةُ أنّاتٍ

ولَسْتُ سِوى

أصْداءِ حنجرةٍ

مَبْحوحةِ العُرَبِ

مرّي نَسيماً

وأَحْيي الماءَ في لُغَتي

حتّى تُردّدَ ناياتِي

مُنى القَصَبِ

ترنيمة على وتر يتيم

تأبــى حروفي بســرّ النبــض تعترفُ
مــا حيلة اليــاء إذ مــا عقّهــا الألفُ؟

مذ حاولت مقلتي الإفصاح خان فمي
فعدت بالصمت فــي الجفنين يرتجفُ

صــمــتٌ يــلــوذ بــه مــوال قافيتي
كــي لا يكاشــف لحنــاً ليس ينكشــفُ

مــحــتــارة بــقــصــيدي كــيــف أكتمه
والاســتعارات مــن أعطافــه هتــفُ

محتــارة بحروفــي مــا مــددتُ يــداً
إلا تراصــت لكــي لا يســقط الكتــفُ

أنــا التــي أطعم الأشــعار مــن كبدي
والحرف من جدول الآهات يرتشــفُ

كم مــن مجاز نمــا في حقــل أخيلتي

هل يا خيــال ترى بالمشــتهى تكفُ؟

كــم زف للقلــب أوصافــاً وتســميةً

ويا خســارة من سَــموا ومن وُصِفُوا

عصفورة النبض مرّي في ربى كبدي

ليقطــف الوردَ مــن تحنانها الأســفُ

مــرّي على أيّ جذعٍ مــن نخيلِ دمي

وهزهزيــه إلــى أن يســقطَ الشــغفُ

خيانــةٌ إن أنــا ينــداح فــي أفقــي

مــوجُ الضيــاءِ ولا يكسّــرُ السّــدفُ

خـــــيانةٌ أنّ دمْــعاً بــتّ أكتـــــمه

ولم يــؤاسِ الأُلـــى من ملحه رشــفوا

وأن توافــي الــرؤى ميعادَهــا عجُزاً

والصّدرُ ما فتئــتْ تزري به الصّدفُ

يا أهــل هــذا الحنين المنتشــي بدمي

نبضـــي أخير وشــعري بعــد لا يَكِفُ

أتلـــو بصمـــت ودمـــع ســيرةً وردتْ

مــن الممــات ومــن رؤيــاه أغترف

فالصمــت والدمع وجها الموت واتفقا

علـــى الحيــاة.. لمــاذا نحــن نختلفُ؟

موتٌ مقدس

شـوقاً إلـى الحسـنى مضـى الرفقاءُ
فـي كفـهم أسـل الإبـاء ظمـاءُ

فُتِحـتْ لهـم، قيـل ادخلوهـا سـجداً
ودثاركـم «ياسـين» و«الإسـراءُ»

في الخطـوة الأولى على نهج السـنا
صلـى السحـاب وسبّحـتْ أنـداءُ

كالمعجـزات تدفقـوا وبطيبـهم
تسـقي الأمانـي الظامئـاتِ دمـاءُ

وهنـاك فـي الآفـاق إن آنستـهم
فتحـوا القلـوب النازفـات وضـاؤوا

يــدرون أن رحيلهــم خبــر علــى

عجـــل يـذاع، فتنــزف الأمـــــداءُ

وبــــأن ســـيدةً تدثرهــــا المنــى

كــي يصحــبَ النبـأَ النـديَّ رواءُ

أمٌّ مــن الفــولاذ لكــن قــد تشــي

بأنينهــا فــوق المــدى الأصــــــداءُ

قــد خبأت فــي عمقهــا قمــرَ الرؤى

ليُبــثّ فــي أفــق الفــؤاد ضيـــــاءُ

حتمــاً فــكل أبٍ بغــزة «عامــرٌ»

وبــكل أمّ عندنــا «خنســـــــاءُ»

فلترجعوا الحلم الذي قد هدهدتْ

ما مات حلمٌ هدْهدتْه سماءُ

فلترجعوه ولو خيالاً طائفاً

أو في قماش، جسمه أشلاءُ

وسيدخل الزيتون لحظة ضمه

من أي أبواب الخلود يشاءُ

والزعتر القدسي يزهر في المدى

فجذوره سيعيلها الشهداءُ

وسيشرح الصمت المقدس للصدى

لغة الشهيد وتعظم الآلاءُ

نصــرٌ مبيــنٌ أو شــهادةُ عاشــق

يُعلــى لإحــدى الحســنيين لـــــواءُ

فابعــثْ هنــا المــوت المقــدس ثم كن

أنــت الخلــود لتَفخــمَ الأشـــــياءُ

وتكــونَ أول مــن تقــرب للنــدى

بــدم أريــق وتشــهدُ الأســـــماءُ

واشــحذ بيــان العاشــقين إذا هــم

ســرجوا الــرؤى وتَجهّــزَ الشــعراءُ

كــم غــادروا مــن نــزف أقــلامٍ وكم

راحوا إلــى أقصى المجــاز وجاؤوا

كي يمسكوا المعنى المسافرَ في الأسى
أو هـل تفيـك قصيـدةٌ عصمـاءُ؟

يـا قلبكم.. هـل يسـتباح الصمت في
ضوضائكم وتُقطّفُ الأصـــداءُ؟

يـا قلبكـم لمـا أذعتـم جرحهـم
للعـالمـين فـصـفّـق الأعـــداءُ

ولففتـم الصمـــتَ المميت هديـــة
وبروحهـم قـد ذُيـل الإهــــداءُ

يا صوت من شـهد المـدى صولاتهم
نحـــن المـــوات وأنتـم الأحيـاءُ

آخر ورقةٍ للتوت

سأشارك القمر الحزين

مصابَهْ

أما النجوم فكلها

تتشابَهْ

وأرتّقُ الضوء الممزق

في المدى

كي يرتدي في المنتهى

جلبابهْ

هي فرصة لأصوغ

غربة ذاته

شعراً إذا بلغ النزيف

نصابهْ

فالأفق منفتح

على المعنى بما

يكفي لأملأ بالمجاز

جرابهْ

أو أستعير من الكناية صوته

فالصمت قيد والرفيف

كتابةْ

تخفي جنون الشوق

عند جموحه

أو كلما فقد الحنينُ

صوابهْ

وتروم من درويش قهوة أمه

وتدس في مطر الهوى

سيابهْ

لم تترك التأويل

يحصر كنهها

ليزيح عن وجه المجاز

نقابهْ

فاللحن يكتم سرّ كل ربابة

والعود يحفظ في الدنا

زريابهْ

هل يستر العشاق غير مدادهم؟

هرم السؤال

وما أتته إجابةْ

زخات على بلور القلب

ما بالُ ذا القلب

حتى الماءُ يجرحهُ

يهفو إلى فرحٍ والحزن

مسرحهُ

ما زال طفلاً طريّ الحلم

يدهشُهُ

لهيب جمرٍ

كما موسى ويلفحُهُ

يرتل الصمت في أسفار من رحلوا

وينثر النور

حين الصمت يمدحهُ

نبية الورد سحر

اللحظ ألمحه

وفي انثيال لهذا الكون

أصدحهُ

طيفاً من الصبح

للأزهار أرسله

لينتشي الروض إشراقاً

ويمدحهُ

لن يصمت الشوق

مزن الغيم أخبرني

لا بد من مشتهى للبدر

يفرحهُ

ترسم الجرح فتزهر

وحيداً.. يداري القلبُ ليلاً يحاصرُه
بأي نزيفٍ سوف تجري
محاجرُهْ؟

وحيداً بما استبقى من الضوء والندى
يضمّ نشيجاً ليس تبلى
سرائرُهْ

لأن الرؤى العمياء تخشى بريقه
تدسّ بدنّ الدّهر حزناً
يعاقرهْ

أمام أنين الماء يغرقه الأسى

وإن ساجلتْ بحر الطويل

مشاعرُهْ

إذا ما امتطى ظهر القصيد رسوله

على فورة الأوجاع صُكّت

حوافرهْ

لأن المرايا دون ذاكرة أبت

ملامح جرحي أن تزاح

سواترُهْ

لتبدو الرؤى مجروحة من توارد

على صفحة الأيام خُطّتْ

خسائرُهْ

سفكتَ دم الأبيات يا أيها الأسى

فغادر قصيدي أو فدعني

أغادرُهْ

وأوفى نذره الشتات

أفلــت يدي وانظر غــرورك ما أماتْ
واســأل قصيدي كيف أثقلــه الرفاتْ؟

واســأل صدى لغتي عن الجدوى وقد
أطفــأت فــي المعنــى قناديــل الحياةْ

ووهبــت حلمــي للســدى وأعرتنــي
لمــا جــرى ســيل المواجع للشــتاتْ

وعزفــت لحنــي للقســاوة جامحــاً
للريــح إذ تذكــي نشــيج الذكريــاتْ

ونثــرت جرحــي فــي بيادرها ســما
داً ثــم مــاذا؟ .. قد أمات السوســناتْ

وأنا أســافر في الســراب كسرت مجـ

ــدافي ونهـر الحلـم منهمـر فـراتْ

والحلـم ظـل يطـارد البشـرى ومـا

بـلّ الخيـال العـذب ريـقُ الأمنياتْ

أفلـت يـدي ودع الأحاديـث التـي

أتلفـت فيهـا عنـوة طـوق النجـاةْ

ودع الأمانـــي والأغـانـــي إنمـــا

فـــي الموت لا تجـدي تعاويـذ الرقاةْ

دعنـــي أواري في المجاز هشاشـتي

وأعاتـب المعنى على ضيـق اللغاتْ

كأس الأنين معتقة

لــفّ اليقيــن حبالــه حــول الثقــةْ
سـعياً إلى الفرح الأخير ليســرقهْ

وبكذبـــة بيضـــاء جـــزّ ربيعــه
وأعـــاد كـــل فراشـــه للشــرنقةْ

أذكــى لظــى الأحــزان، ذر لهيبهــا
في القلب كي يشفي غليل المحرقةْ

مــا كان خضراً حين أغــرق منيتي
وظننتـــه خـــرق الفــؤاد ليعتقـــهْ

هــدم الجــدار علــى الفــؤاد ويتمــه
ومضى إلى الســر الثمين فأغرقهْ

قد كدت أشرق حين أطعمني الأسى

وسـقى المنى كأس الأنيـن معتقةْ

فـي البـدء طوقنـي حريـر بيانـه

لكنـه أضحـى حبـال المشـنقةْ

خمـس شـداد أتلفـت قمـح الهـوى

مـا زال طير الحـزن يأكل رونقهْ

وحمامـة الشـعر التـي أهـدت لـه

طـوق الـوداد بـلا حبـال طوقهْ

فتطـــايرت بيــن التآويــل التـــي

تهوى الضباب فــلا حقيقة مطلقةْ

فالــوردة الحمــراء قــد كانــت دمي

وســفكته.. فبــراه غيــرك زنبقــةْ

وحسبت في المعنى الرحيب شساعة

لكنمــا تبقــى العــبــــــارة ضيّقةْ

صغــت القصائد في الخيــال بلابلاً

والشعر أن تصطاد سحر الزقزقةْ

موتٌ بطيء

يقول أبي: إن تبدّى الخبيءْ

فكل الذي قد توارى يجيءْ

وكل الذي قد يحاك بصمت

سيسفر عنه صباحٌ وضيءْ

سيبدو بلا رغبة في الظهور

فكيف يجازى المدان البريءْ؟

وكيف تكمم أفواه حقّ

أتى مترفاً.. بالأماني مليءْ؟

سيصمت لحظةَ تحكي المرايا

صداه ويعلو الصراخ الحميءْ

كمــا الريــح يهمــي بغيــر اتجــاه

لســمعي، ومــن دون وعي، يفيءْ

خجــولاً وإن كان يبــدو جريئــاً

فــلا يمتطي الصــدح إلا الجريءْ

يقــول أبي: فــي حديــث الخوافي

صــدى لامــع أو يــكاد يضــيءْ

فــلا تــخــنــق الأمــنــيــات وغــرد

بها.. إنمــا الصمتُ مــوتٌ بطيءْ

صوتٌ يفشي انزياحه

وحدي

أبارز بالمنى أشواقي

وأزيحُ ليلاً ذائباً بمآقي

والذكرياتُ كما الجياد الصافنا

ت على الجراح تأهبت

لسباقِ

صكّت حوافرها على الوجع الذي

يجتثّني من أعمق

الأعماقِ

وجعي على وطنٍ بسطتُ له يداً

فطوى سجلّ توددي

ووفاقي

وأحبةٍ رتّبت أحلامي لهم

فتبعثرتْ بغيابهم

أوراقي

والاستعارات التي مرّت على

أنوارهم ضلّتْ عن

الإشراقِ

إن كان من خان الودادَ خليلُه

ما العجب إن خان الجداولَ

ساقي

أنفقت في غزْل الوداد مشاعري

ونكثتها يا ضيعة

الإنفاقِ!

وشرعت قلبي كي يواصل نزفه

وأنا أجوب متاهة

العشاقِ

صوتُ الفيافي إذ ينادي داخلي

يجتاح خفقاً ظامئ

الأغداقِ

كي يستفز الجفن دسّ سرابه

فالروح نبعٌ والدموع

سواقي

أودعت كل قواربي بحر الأسى

تطفو على موج من

الإخفاقِ

حتى إذا خطب القصيدةَ خافقي

عُقد القرانُ فبادرتْ

لعناقي

وخلا مجازي بالنشيج فضمّه

مسحاً بتلك السوق

والأعناقِ

ناديت ردوها عليه بحينها

ليعيد شدّ بيانها

بوثاقِ

تدري؟ أريد قصيدتي شفافة

تجري بحبر ناصح

رقراقِ

تستقطع المعنى من الغيمات كي

تسقي الأمان على ضفاف

سياقي

ولينتشي ورد المنى في روضتي

تهمي القصيدة من سما

أحداقي

الفهرس

الإهداء 5

يشي بها الدمع.. 7

تأويل 9

أمنياتٌ للزّنابق.. 13

دربٌ معبّدٌ للصبح 25

وجوه 29

حداء ناعم.. 31

تلويحةٌ من شرفة الوفاء.. 35

من سورة الآه 39

بين مسافتين 43

أمنية أخيرة للسوسنة 49

ترجلت الفارسة 55

بين فضاءين.. 61

مقتبسٌ من حديث الشموخ.. 67

تضاريسُ للتيه 71

في حرم الجمال............................ 75

هدهدةٌ بشاطئ المجاز......................... 81

أنينٌ على شفة الناي.......................... 87

بغداد.. 95

عروجٌ إلى مقام النور........................ 101

حلمٌ مُؤرجحُ الخطى......................... 107

قلبٌ وافر الخصب.......................... 123

ترنيمة على وتر يتيم......................... 145

موتٌ مقدس................................ 149

آخر ورقةٍ للتوت............................. 155

زخات على بلور القلب 161

ترسم الجرح فتزهر 165

وأوفى نذره الشتات 169

كأس الأنين معتقة 171

موتٌ بطيء................................. 175

صوتٌ يفشي انزياحه 177